AF555657

DAPHNIS
ET
ALCIMADURE,

PASTORALE LANGUEDOCIENNE,

REPRÉSENTÉE

DEVANT LE ROI,

A FONTAINEBLEAU,

Les 29 Octobre, 4 Novembre 1754,

ET POUR LA PREMIERE FOIS,

PAR L'ACADEMIE-ROYALE *DE MUSIQUE*,

Le Dimanche 29 Décembre de la même année.

Mise depuis en Vers François.

Et Remise au Théâtre le Mardi 7 Juin 1768.

PRIX XXX. SOLS.

AUX DÉPENS DE L'ACADÉMIE.

A PARIS, Chés DE LORMEL, Imprimeur de ladite Académie, rue du Foin, à l'Image Sainte Genevieve.

On trouvera des Exemplaires du Poeme à la Salle de l'Opera.

M. DCC. LXVIII.

AVEC APPROBATION ET PRIVILEGE DU ROI.

Les Paroles Languedociennes, la Traduction Françoise & la Musique, sont de Monsieur DE *MONDONVILLE.*

SUJET DU PROLOGUE.

LES Jeux Floraux de Toulouse furent institués en l'honneur de la Déèsse FLORE. Les quatre Prix de Poésie qu'on y donne tous les ans, ont été fondés par CLÉMENCE-ISAURE, Dame aussi distinguée par sa naissance, que par son esprit. La distribution s'en fait le premier & le trois de Mai ; & cette Cérémonie rassemble, durant ces trois jours, à Toulouse, un concours nombreux d'Étrangers, qui s'y rendent en foule des Provinces voisines. Ce ne sont alors que Danses & Serénades continuelles par toute la Ville. On a cru pouvoir choisir un moment si agréable pour l'idée d'un Prologue, dont l'objet est d'annoncer l'Ouvrage qu'on va représenter.

ACTEURS
DU PROLOGUE.

ISAURE, Mlle. du Plant.

JARDINIERS,

JARDINIERES,

PEUPLES,

NOBLES,

La Scène est à Toulouse

PERSONNAGES DANSANTS
DU PROLOGUE.

JARDINIERS & JARDINIERES.

M. MALTER, Mlle. MION.
Mrs. Gambu, Allix, Beaulieu, le Grand.
Mlles. Audinot, le Roi, Riviere, Louison.

PEUPLES.

M. ROGIER, Mlle. PITROT.
Mrs. Dossion, la Rue, Caster, Gallet, Ferrer, Hennequin, l.
Mlles. Isoire, de l'Aunai, l'Avau, l'Aud'humier, David, c. Bréfolle.

NOBLES.

M. GARDEL, Mlle. ASSELIN.
Mrs. Trupti, Leger, Granier, des Preaux.
Mlles. Grandi, Gaudot, Delfevre, Blondeval.

LES JEUX FLORAUX,

PROLOGUE.

Le Théâtre repréſente le Jardin de CLÉMENCE-*ISAURE*, *& ſon Palais dans le fond.*

SCÈNE PREMIERE.

ISAURE, *ſa Suite*, JARDINIERS & JARDINIERES.

(*On danſe.*)

ISAURE.

DANS ce ſéjour, riant & fortuné,
Phœbus, Flore & l'Amour, ont fixé leur empire;
On y voit de leurs mains le Printems couronné,
Les cœurs ſont adoucis par l'air qu'on y reſpire.

ISAURE & le CHŒUR.

On n'y craint point les rigueurs des Hivers,
On n'y craint point l'inconſtance des Belles;

Nos arbres y ſont toûjours verds,
Et nos Amants toûjours fidéles.

(*On danſe.*)

ISAURE.

Pour que l'Amour ſoit durable & charmant,
Il faut au ſentiment
Joindre le badinage ;
Et qu'un fidèle Amant
Ait l'enjoûment
D'un cœur volage.

SCÊNE II.

ISAURE, *ſa Suite*, JARDINIERS, JARDINIERES, PEUPLES.

(*On danſe.*)

ISAURE.

ICi, ſans art & ſans détour,
L'eſprit tient tout du cœur, & ſçait ſe faire entendre.
Sans chercher à briller, il eſt naïf & tendre ;
Le Dieu des Vers n'eſt que le Dieu d'Amour.

ISAURE, & le CHŒUR.

Nous ne cherchons point d'autre gloire
Que le plaiſir de bien aimer.

On a, quand on le ſent, le don de l'exprimer,
Et de le faire croire.
Ah, qu'il eſt doux de bien aimer !
Nous ne cherchons point d'autre gloire.
(On danſe.)

SCÊNE III.

ISAURE, *ſa Suite*, JARDINIERS JARDINIERES, PEUPLES, NOBLES.

(On danſe.)

ISAURE.

PEuples, il faut, dans ce beau jour,
D'un ſiecle ſi chéri tranſmettre la mémoire ;
Et je veux que des Prix couronnent la victoire
De ceux qui ſçauront mieux chanter le tendre Amour.

LE *CHŒUR.*

Que ta gloire vole & s'étende ;
Sonnés trompettes, qu'on entende
Le nom d'Iſaure, éclater dans nos Jeux ;
Qu'il trïomphe à-jamais, & qu'il règne en ces lieux.
(On danſe.)

ISAURE.

Pour consacrer nos Jeux par un heureux augure,
Dans notre séjour enchanteur,
Intéressons l'Amour. Traçons par quel bonheur
Daphnis sçût attendrir la fiere Alcimadure;
De leur simplicité la naïve peinture
Est l'image de notre cœur.

LE CHŒUR.

Que ta gloire vole & s'étende;
Sonnés trompettes, qu'on entende
Le nom d'Isaure éclater dans nos Jeux,
Qu'il triomphe à-jamais, & qu'il règne en ces lieux.

FIN DU PROLOGUE.

AVERTISSEMENT.

AVERTISSEMENT.

LORSQU'EN 1754, *je fis hommage au Public de mon Opéra Languedocien, je ne prévoyois pas que des Personnes de considération m'engageroient à traduire & parodier mon Ouvrage en François. N'ôsant pas espérer de réussir, & cependant occupé de cette idée, je crus que la noblesse de la Langue Françoise ne me permettoit pas de suivre littéralement la naïveté du Languedocien ; ce qui m'a obligé de changer le sens de quantité de Vers, ainsi que le nom de* JEANET *en celui de* MIRTIL. *Je conviens que le choix des mots, l'assujettissement des longues & des brêves, la contrainte de la Parodie entiere d'un Opéra, m'ont d'abord effrayé. Mais j'ai osé l'entreprendre par le desir de plaire, & l'envie de mériter les bontés du Public.*

ACTEURS CHANTANTS
DANS LES CHŒURS.

Côté du Roi.		Côté de la Reine.	
Mesdemoiselles.	*Messieurs.*	*Mesdemoiselles.*	*Messieurs.*
Durand.	Héri.	Hebert.	l'Écuyer.
Guillaume.	Cailteau.	d'Agée.	Albert.
Fontenet.	Candeille.	des Rosieres.	Tourcati.
le Bourgeois	Van-Hecke.	Jouette.	Paris.
Beauvais.	Vatelin.	Leger.	Touvois.
Chenais.	Vaudemont.	de l'Or.	Beghain.
Renard.	Lagier.	Lusignan.	le Brument.
Héri.	Rose.	Sophie.	Capois.
St. Leger.	Robin.	Martin.	Laurent, c.
Beauvernier.	Antheaume.	le Maire.	Boi.
	Méon.		Laurent, l.
	Botson.		Huet.
	Cleret.		de Bourgneuf
	Tacusset.		Vivier.

ACTEURS CHANTANTS.

DAPHNIS, *Berger*,	M. le Gros.
ALCIMADURE, *Bergere*,	M^{de}. l'Arrivée.
MIRTIL, *Frere d'Alcimadure*,	M. l'Arrivée.

BERGERS & BERGERES.

CHASSEURS & CHASSERESSES.

MARINIERS & MARINIERES.

PERSONNAGES DANSANS.

ACTE PREMIER.

BERGERS & BERGERES.

M. Gardel, Mlle. Guimard.

M. Fierville, Mlle. Audinot.

Mlle. Mion.

Mrs. Doſſion, Gardel, c., Aubri, Martinet, Caſter, Balderoni.

Mlles. Mercier, d'Auvilliers, de Fontebles, Julie, de l'Aunai, Guilleſten.

PASTRES & PASTOURELLES.

M. Dauberval.

Mlles. Allard, Peslin.

Mrs. Giguet, Lieſſe, Gambu, Beaulieu, le Grand, Ferrer.

Mlles. Adélaïde, la Fond, Hidoux, Iſoire, Villette, l'Aud'humier.

ACTE SECOND.

CHASSEURS & CHASSERESSES.

Mlle. GUIMARD.

Mlle. ASSELIN.

M. ROGIER. Mde. PITROT.

M. SIMONIN. Mlle. du PEIREI.

Mrs. Trupti, Granier, Leger, Riviere, des Preaux, Aubri, Pierſon, Hennequin, c.

Mlles. de Miré, Gaudot, Grandi, Mimi, Delfevre, Blondeval, Teſtard, l'Huillier.

ACTE TROISIEME.

BERGERS & BERGERES.

M. SIMONIN. Mlle. du PEREI.

M. FIERVILLE, Mlle. GARDEL.

Mrs. Doſſion, Gardel, c., Caſter, Aubri, Gallet, Martinet.

Mlles. Buard, Mercier, d'Auvilliers, Iſoire, Riviere, Guilleſten.

MATELOTS & MATELOTTES.

M. LANI, Mlle. ALLARD.

M. DAUBERVAL, Mlle. PESLIN.

Mrs. Lieſſe, Giguet, Gambu, la Rue, Beaulieu, Ferrer.

Mlles. Adélaïde, la Fond, Vernier, Hidoux, Vilette, l'Aud'humier.

DAPHNIS ET ALCIMADURE,

PASTORALE LANGUEDOCIENNE, MISE EN VERS FRANÇOIS.

ACTE PREMIER.

Le Théâtre représente le Hameau D'ALCIMADURE.

SCÈNE PREMIERE.

DAPHNIS, seul.

HÉLAS ! Amour, faut-il mourir ?
Que t'ai-je fait pour tant souffrir ?

Depuis l'inſtant qu'Alcimadure
A ſçû d'un regard enchanteur
M'enflâmer d'une vive ardeur,
J'aime la peine que j'endure.

Hélas! Amour faut-il mourir?
Que t'ai-je fait pour tant ſouffrir?

Pour finir mon martire,
Dieu des cœurs, viens, écoute mes accens;
Pour exprimer tout le feu que je ſens,
Enſeigne-moi l'art de le dire.

Mais je vois la beauté dont dépend mon bonheur;
Quels charmes! quels tranſports ſa préſence fait naître!
Profitons de ce lieu champêtre
Pour cacher à ſes yeux le trouble de mon cœur.

SCÊNE

SCÊNE II.

ALCIMADURE, seule.

ACcourés à ma voix, volés sur ce feuillage,
Oiseaux, chantés, formés des sons brillans.
Votre destin du bonheur est l'image,
Vous l'annoncés par vos accens.

Le sort le plus digne d'envie,
Est de ne point former de nœuds;
L'indépendance est de la vie
Le seul bien qui nous rend heureux.

Accourés, &c.

SCÈNE III.

ALCIMADURE, DAPHNIS.

ALCIMADURE, *à part.*

DAphnis en ce séjour !

DAPHNIS, *à part.*

O ciel ! que vais-je faire ?

ALCIMADURE, *à part.*

Quel dessein le conduit dans ce bois solitaire ?

DAPHNIS, *à part.*

Je tremble en approchant.

ALCIMADURE, *à part.*

Quel est son embarras ?

(*à* DAPHNIS.)

Dans ces lieux écartés, qui peut guider vos pas ?

DAPHNIS.

L'Amour.

ALCIMADURE.

Ce Dieu qui cause tant d'allarmes ?

DAPHNIS.

De cet enfant je méprisois les charmes,
Je le bravois, sans craindre sa rigueur.
Ce Dieu, jaloux du pouvoir de ses armes,
De son carquois a pris un trait vainqueur;
Pour se venger, il a percé mon cœur.

Un autre objet, que je pris pour sa mere,
S'applaudissoit de mon cruel destin;
Cette beauté n'étoit qu'une Bergère,
Qui dans l'instant qu'Amour visoit mon sein,
Guidoit la flêche & conduisoit sa main.

De cet enfant, *&c.*

ALCIMADURE.

Fuyés d'un Dieu cruel le redoutable empire.

DAPHNIS.

La Bergère que j'aime ignore mon martire.

ALCIMADURE

Oubliés un objet qui vous rend malheureux.

DAPHNIS.

Eh! puis-je me deffendre
De l'ardeur la plus tendre?
Le Ciel est moins brillant qu'un regard de ses yeux.

ALCIMADURE.

C'eſt trop vanter ſes charmes.

DAPHNIS.

Il ne faut que la voir pour lui rendre les armes.

ALCIMADURE.

Quelle eſt cette beauté ſi rare parmi nous?

DAPHNIS.

Je n'ôſe la nommer.

ALCIMADURE.

Ne craignés rien.

DAPHNIS.

C'eſt vous.

ALCIMADURE.

La beauté n'eſt pas mon partage.

DAPHNIS.

Vous êtes de Vénus la plus parfaite image.

L'Amour ne veut, pour tout charmer,
Que vous, belle Bergère.
Il a pris ſoin de vous former
Sur les traits de ſa mere;
Vous ſeule pouriés l'enflâmer,
Si votre cœur vouloit aimer.

ALCIMADURE.

Au Dieu de la tendresse
Pourquoi s'assujétir ?
Souvent une foiblesse
Nous cause un repentir.
Des traits dont il vous blesse.
Je veux me garantir.

DAPHNIS.

Dieux ! quels tourments je vais souffrir !

ALCIMADURE.

Cherchés un autre objet à l'Amour moins rebéle.

DAPHNIS.

Non, je mourrai plutôt malheureux qu'infidéle.
Vous voulés déja me quitter ?

ALCIMADURE.

C'est trop long-tems vous écouter.

DAPHNIS.

Daignés du moins, beauté cruelle,
Daignés d'un regard honorer
Des jeux que mon ardeur fidelle,
Pour vous seule a fait préparer.

ALCIMADURE.

Doit-on ici les célébrer ?

DAPHNIS.

Vous semblés approuver mon zèle,
Rien ne sçauroit les differer.

SCÊNE IV.

ALCIMADURE, MIRTIL.

ALCIMADURE.

QUe cet amour m'agite & m'inquiête !

MIRTIL.

Ma sœur, je te trouve distraite;
Dis-moi ce qui peut t'allarmer.

ALCIMADURE.

Jugés si je suis satisfaite ?
Daphnis aspire à m'enflâmer.

MIRTIL.

Daphnis ?

ALCIMADURE.

A me plaire il s'emprêsse.

MIRTIL.

De ce Berger j'approuve la tendresse ;
Que son himen t'annonce de douceur !

ALCIMADURE.

Aimeriés-vous à contraindre mon cœur ?

MIRTIL.

Je n'aime que votre avantage ;
Un Berger si charmant devroit vous enchanter.
Quand on est jeune, belle & sage,
Il faut sçavoir en profiter.

ALCIMADURE.

Le plaisir de la vie
Est de rire & chanter ;
Et quand l'himen nous lie,
Souvent on trouve à s'attrister.
Le plaisir de la vie
Est de rire & chanter.

MIRTIL, avec ironie.

J'admire ce nouveau langage,
Il est sublime, ingénieux.

ALCIMADURE.

Je ne veux point former de nœuds,
Je crains trop un époux volage.

Quand on joüit d'un ſort heureux
Doit-on déſirer l'eſclavage?

Je ne veux, *&c.*

MIRTIL.

S'il juroit de t'aimer toûjours?

ALCIMADURE.

Les amants jurent tous les jours.

MIRTIL.

Lis dans ſon cœur.

ALCIMADURE.

Son amour m'épouvante;
Simple, timide, indifferente,
J'y lirois mal.

MIRTIL.

Quand on eſt amoureux,
On ſe plaît à parler de l'objet de ſes vœux;
Si Daphnis paroît ſeul, je veux par mon adreſſe
Éprouver pour toi ſa tendreſſe.

(*On entend un Prélude.*)

Quels ſons ſe font entendre?

ALCIMADURE

ALCIMADURE.

On vient avec Daphnis.

Il méconnoît vos traits.

MIRTYL.

Je crains d'être ſurpris.

SCÈNE V.

ALCIMADURE, DAPHNIS, BERGERS, BERGÈRES, PASTRES.

DAPHNIS, aux BERGERS.

VEnés célébrer ma Bergère,
Amis, ici raſſemblés-vous;
Que vos talens puiſſent lui plaire,
Chantés, danſés, rien n'eſt ſi doux.

(*On danſe.*)

LE CHŒUR.

L'Aſtre brillant de la nature
A moins d'empire ſur les fleurs,
Que les beaux yeux d'Alcimadure
N'ont de pouvoir ſur tous les cœurs.

(*On danſe.*)

DAPHNIS.

Pour adorer Alcimadure
Il ne faut que la voir ;
L'Amour sur toute la nature
N'a pas plus de pouvoir.
Sur les pas de cette Bergère,
On voit comme autant de zéphirs
Voltiger d'une aile légère,
Les Ris, les Jeux, & les Plaisirs.

(*On danse*)

DAPHNIS.

Voyés l'ormeau pour les fleurettes,
Agiter ses jeunes rameaux.
Écoutés des petits oiseaux
Les amoureuses chansonnettes.
Pour nous charmer, le Dieu des cœurs
Ne lance que des traits vainqueurs ;
Il soûmet tout dans la nature,
Hors l'insensible Alcimadure.

(*On danse.*)

DAPHNIS.

Pour vous, jeune mortelle,
L'Amour quitte les Cieux ;
Il brille, il étincelle

Sans cesse dans vos yeux.
Vous êtes aussi belle
Que je suis amoureux.
Beauté toûjours nouvelle,
Objet digne des Dieux,
Je vous serai fidéle,
Sans espoir d'être heureux.

(*On danse.*)

DAPHNIS & LE CHŒUR.

Au Dieu d'Amour rien ne peut résister....

ALCIMADURE.

Que votre ardeur paroît extrême!
Faut-il tant de fois la chanter?

DAPHNIS.

Pour l'inspirer à ce qu'on aime,
On ne peut trop la répéter.

Soyés sensible à mon hommage,
Tous mes vœux seront satisfaits.

Je ne serai jamais volage,
Je le jure par vos attraits.

ALCIMADURE.

De mon troupeau je ſuis en peine,
Pardonnés mon empreſſement.

DAPHNIS.

Vous me fuyés belle inhumaine;
Amour, viens finir mon tourment.

FIN DU PREMIER ACTE.

ACTE SECOND.

Le Théâtre représente un Bois.

SCÈNE PREMIERE.

MIRTIL *en Officier*, TROUPE DE BERGERS *en Chasseurs*.

MIRTIL & LE CHŒUR.

POUR triompher du Loup terrible
Qui nous cause tant de frayeur,
Amis, frappons ce monstre horrible,
Faisons briller le fer vengeur.

MIRTIL, aux Bergers.

Allons ſignaler notre adreſſe,
Dans la forêt diſperſons-nous,
Et qu'à l'envi chacun s'emprèſſe
A lui porter les premiers coups.

(Les Bergers ſortent.)

SCÈNE II.

MIRTIL, ſeul.

Sous l'habit d'un fier Capitaine,
J'attens Daphnis en ce ſéjour;
De ſon himen formons la chaîne,
S'il eſt conſtant dans ſon amour.
Mais c'eſt lui que je vois.

SCÈNE III.

DAPHNIS, MIRTIL, *à l'écart.*

DAPHNIS.

Hélas! faut-il que j'aime
Pour être malheureux!
Victime d'un amour extrême,
Rien ne sçauroit briser mes nœuds.

MIRTIL.

Berger, qui peut causer vos plaintes & vos larmes?

DAPHNIS.

L'excès de mes malheurs.

MIRTIL.

Pour calmer vos allarmes,
Je vous offre mes soins.

DAPHNIS.

Guerrier trop généreux,
Qui vous rend si sensible à mon sort rigoureux?

MIRTIL.

Confiés-moi la douleur qui vous prèsse.

DAPHNIS.

Un cœur en eſt-il plus heureux,
Quand il découvre ſa foibleſſe?

MIRTIL.

Ne craignés rien; peut-être qu'en ce jour
Je pourrai ſoulager vos peines.

DAPHNIS.

Le Dieu qui fait aimer m'accable de ſes chaînes,
Et cauſe mon tourment.

MIRTIL.

Quoi, ſenſible à l'Amour,
Vous ſouffrés mille maux! Pour qui?

DAPHNIS.

Pour la Bergère,
La plus belle & la plus ſévère.
Sa rigueur augmente mes feux,
Et rend ma peine plus amère.

MIRTIL.

Fuyés cet objet dangereux,
Et ne ſongés qu'à vous diſtraire.

Allés, venés, diſſipés-vous,
De l'Amour perdés la mémoire,

Pour rendre votre ſort plus doux,
Ainſi que moi ſuivés la gloire.

DAPHNIS.

Où peut-on trouver le bonheur,
Quand il n'eſt pas dans notre cœur?

MIRTIL.

Un laurier qu'on gagne à la guerre,
Vaut tous les mirthes de la terre.
Venés, ſoyés mon compagnon,
La gloire vous appelle....

DAPHNIS.

Non,
Tant de grandeurs ne ſont pas faites
Pour les Bergers de nos hameaux;
Nos cœurs ne ſont flattés que du ſon des muſettes,
Et du ramage des oiſeaux.
Nos douceurs y ſeroient parfaites
Et nos plaiſirs toûjours nouveaux,
Si les Belles de ces retraites
Ne troubloient pas notre repos.

MIRTIL.

Rien n'eſt ſi beau, ni ſi grand que Bellone,
Quand la victoire l'environne.

D'abord attentif au ſignal,
On avance d'un pas égal.

Plus on approche & plus l'airain s'enflâme,
De l'Enfer on croit voir la flâme ;
Braves Guerriers, lancés vos coups ;
Honneurs, triomphes, sont pour vous.
Le fer en main, on assouvit sa rage ;
Dans le tumulte & le carnage,
On entend gronder le canon,
Bom, Bom,
Comme la foudre dans la nüe.
L'Ennemi, renversé dans la confusion,
Veut en vain se sauver ; on court, on frappe, on tüe.
Des fiers Vainqueurs les cris divers,
Percent les airs.
Rien n'est si beau, ni si grand que Bellone,
Quand la victoire la couronne.

DAPHNIS.

Guerrier, après tous ces exploits,
Quel sort en ces lieux nous procure
Un Héros tel vous?

MIRTIL.

Je viens y faire un choix,

DAPHNIS.

Qui peut vous plaire ici ?

MIRTIL.

La belle Alcimadure.

DAPHNIS, *à part.*

Alcimadure? o ciel! quel coup affreux!

MIRTIL.

Trop instruit de l'amour d'un rival odieux,
Son audace sera punie
Si je puis le trouver.

DAPHNIS.

Il paroît à vos yeux;
Daphnis perdra plutôt la vie,
Que de céder l'objet dont il est amoureux.

MIRTIL.

Ne crois pas éviter ma rage,
Après un si sensible outrage;
Renonce à cet objet, si tu veux me calmer,
Ou ta mort....

DAPHNIS.

Venge-toi; je veux toûjours l'aimer.

SCÈNE IV.

DAPHNIS, MIRTIL, ALCIMADURE.

ALCIMADURE, derriere le Théâtre.

SAuvés-moi, justes Dieux!

MIRTIL.

Qui suspend ma colère?

ALCIMADURE, en entrant.

Dans quels lieux me cacher!

DAPHNIS.

C'est vous, belle Bergère?

ALCIMADURE.

Par un monstre cruël, mes jours sont en danger;
Il vient....

DAPHNIS.

Ne craignés rien, je sçaurai vous venger.

(DAPHNIS se saisit de l'arme de MIRTIL.)

ALCIMADURE.

Que faites-vous ? o Berger téméraire !
Il va périr....

(*Elle tombe sur un lit de gason.*)

DAPHNIS, vainqueur du monstre.

Le Ciel m'a voulu protéger.

SCÈNE V.

DAPHNIS, ALCIMADURE, *évanouie.*

DAPHNIS.

De votre cœur calmés le trouble extrême ;
Mon amour a pour vous vaincu ce monstre affreux.
Quand un Amant peut sauver ce qu'il aime,
C'est pour lui le plaisir des Dieux.

ALCIMADURE.

Que ne puis-je pour récompense,
Vous payer d'un tendre retour ?
Mais si mon cœur craint les traits de l'Amour,
Il a du moins de la reconnoissance.

DAPHNIS.

Est-ce donc là le prix du plus ardent transport ?

ALCIMADURE.

Je plains votre conſtance.

DAPHNIS.

Si vous m'ôtés toute eſpérance,
Vous allés me donner la mort.

ALCIMADURE.

Fuyés ce déſeſpoir, cherchés l'indifférence,
De tous les cœurs elle fait l'heureux ſort.

SCÈNE VI.

MIRTIL, DAPHNIS, ALCIMADURE. CHASSEURS, CHASSERESSES.

MIRTIL, aux CHASSEURS.

AMis, de ce monſtre effroyable,
Cherchons la trace dans ces lieux.

ALCIMADURE.

Daphnis par ſon bras redoutable,
En eſt déjà victorieux.

MIRTIL.

Que dites-vous? o bonheur incroyable!

ALCIMADURE, MIRTIL & LE CHŒUR.

Jamais ſecours ne fût ſi favorable;
Que ſon nom vole dans les airs,
Chantons Daphnis dans nos concerts.

(*On danſe.*)

ALCIMADURE.

Qu'il eſt doux, après l'orage,
De jouir d'un jour charmant!
Plus d'effroi dans ce bocage,
De danger, ni de tourment.

Daphnis ſeul par ſon courage,
Rend le calme à ces beaux lieux ;
Il mérite notre hommage,
Sa valeur nous rend heureux.

(*On danſe.*)

ALCIMADURE.

Vous qui charmés les momens de ma vie,
Venés, tendres agneaux, ſuivés toûjours mes pas.
Sans crainte, allés bondir ſur l'herbette fleurie ;
A Daphnis vous devés un ſort ſi plein d'appas.

(*On danſe.*)

(*Ballet figuré, où les Bergers vont cueïllir des fleurs, pour faire une guirlande à* DAPHNIS.)

MIRTIL & LE CHŒUR.

PREMIER COUPLET.

Le Monſtre affreux par ſon ravage,
Répandoit par-tout la terreur,
Envain il exhaloit ſa rage,
Daphnis a dompté ſa fureur.
Il joint l'adreſſe à la valeur,
D'un héros il a le courage,
Nous lui devons notre bonheur,
Célébrons un ſi grand vainqueur.

SECOND

SECOND COUPLET.

Quel Ennemi ſur ce rivage
Contre nous oſeroit s'armer ?
Daphnis, pour venger notre outrage,
A vaincre ſçauroit nous former.
Rien ne doit plus nous allarmer,
D'un héros il a le courage,
Par ſa douceur il ſçait charmer;
Qui pourroit ne le pas aimer ?

(*On danſe.*)

MIRTIL aux BERGERS.

Bergers, ranimons notre zele,
Allons couronner le Vainqueur.

DAPHNIS.

Pour une conquête plus belle,
Réſervés un prix ſi flateur.

MIRTIL.

Nous vous devons un bien ſuprême,
Le monſtre eſt par vous terraſſé.

DAPHNIS.

J'ai combattu pour ce que j'aime,
Je ſuis aſſés récompenſé.

ALCIMADURE.

Répondés mieux à leur attente,
C'eſt trop chercher un vain détour ;
Après avoir rendu le calme à ce ſéjour ;
Souffrés du moins qu'on vous préſente,
Aux yeux des Bergers d'alentour.

DAPHNIS.

Alcimadure me l'ordonne,
Plaire, obéir, aimer, vaut mieux qu'une couronne.

FIN DU SECOND ACTE.

ACTE TROISIEME.

Le Théâtre représente une Place champêtre, & une Riviere dans le fond.

SCÊNE PREMIERE.

ALCIMADURE, seule.

LIBERTÉ, douce indépendance,
Faut-il vous perdre pour jamais ?
Laisse-moi mon indifference,
Cruël Amour, suspens tes traits.
Doit-on n'éprouver ta puissance
Qu'en souffrant des maux rigoureux !
Dois-tu ne brûler de tes feux
Que ceux qui te font résistance ?

Liberté, *&c.*

SCÊNE II.

MIRTIL, ALCIMADURE.

MIRTIL.

BERGÈRE, enfin l'himen t'apelle,
Daphnis mérite d'être heureux.

ALCIMADURE.

De l'himen la chaîne est cruëlle,
Je crains trop d'en former les nœuds.

MIRTIL.

Seras-tu toûjours inflexible?
Quel époux peut t'offrir un destin plus flateur?
Répondre à ses desirs, c'est hâter ton bonheur.

ALCIMADURE.

Je ne sçaurois être sensible,
L'amour n'est pas fait pour mon cœur.

MIRTIL.

Alcimadure, quel dommage
De perdre un Berger si charmant!
Faut-il par ton humeur sauvage
Sans cesse augmenter son tourment?

Doux, généreux, tendre & sincère,
Amant soumis, plein de valeur;
Quand l'Amour l'a formé pour plaire,
Mérite-t-il tant de rigueur?

Alcimadure, *&c.*

ALCIMADURE.

L'Amour tyrannise nos âmes....

MIRTIL.

Tu cherches trop à l'irriter.

ALCIMADURE.

Pour ne jamais sentir ses flâmes,
Je le veux toûjours éviter.

MIRTIL.

Je vois Daphnis; adieu, Bergère;
D'un tendre Amant fais un Époux.

ALCIMADURE.

Ah! ne me quittés pas, mon frere.

MIRTIL.

Quand on brave l'Amour, on résiste à ses coups.

ALCIMADURE.

Dans quel moment me laissés-vous!

SCÈNE III.

DAPHNIS, ALCIMADURE.

DAHPNIS.

QUoi ! vous fuyés, belle inhumaine ?

ALCIMADURE.

Mirtil m'attend, n'arrêtés point mes pas.

DAPHNIS.

Vous aimés donc Mirtil ? ah ! ma mort est certaine,
Voilà l'arrêt de mon trépas.

ALCIMADURE.

Quelle fatale jalousie
Agite votre cœur ?
Pouvés-vous renoncer au charme de la vie ?

DAPHNIS.

Mon sort aura moins de rigueur.
L'instant qui nous rejoint au sein de la nature
N'est pas toûjours un grand tourment ;
Mais aimer sans espoir la belle Alcimadure,
C'est expirer à tout moment.

ALCIMADURE, à part.

Pourquoi n'eſt-il pas infidéle ?

DAPHNIS.

Hélas ! ce ſilence fatal
S'explique aſſés pour mon Rival ;
Adieu, Bergère trop cruëlle.

ALCIMADURE.

Daphnis, écoutés-moi.
Quel affreux tranſport vous entraîne ?
Vous ne m'aimés donc plus ?

DAPHNIS.

Eh, quoi !
Vous ajoutés ce reproche à ma peine ?

Trop malheureux pour ſurvivre à mes maux,
Souffrés du moins que mon amour vous laiſſe
Mes prés, mes bois & mes troupeaux
Pour le garant de ma tendreſſe.
Heureux ſi mon trépas....

ALCIMADURE.

(Votre trépas? grands Dieux !)

DAPHNIS.

Peut vous prouver mes tendres feux.

ALCIMADURE, *à part.*

Puis-je être cause que sa vie
Soit en danger ?

(*à* DAPHNIS.)

Vivés, trop généreux Berger,
Vivés... Mirtil... Hélas! Mirtil m'oublie.

DAPHNIS.

Mirtil, qu'entens-je ? o ciel!
Ce nom seul rend encor mon destin plus cruël;
Pour un objet ingrat qui cause votre peine,
Vous méprisés l'ardeur du plus fidéle Amant.

ALCIMADURE.

Daphnis...

DAPHNIS.

C'est trop souffrir, je vous quitte, inhumaine,
La mort va finir mon tourment.

ALCIMADURE.

Dissipés votre erreur...

SCÉNE IV.

ALCIMADURE, seule.

LE cruël m'abandonne...
Il m'échape... il me fuit... que vais-je devenir?
Alcimadure, hélas! ne peut le retenir;
Tous mes sens sont troublés... je tremble...je frissonne.
Mon frere, paroissés, accourés, il est tems,
Mon cœur frémit de votre absence;
Que ce retardement accroit la violence
Des maux que je ressens!

SCÊNE V.

ALCIMADURE, MIRTIL.

ALCIMADURE.

AH! Mirtil, hâtés-vous, faut-il vous le redire?
Daphnis au désespoir....

MIRTIL.

O secours superflus!

ALCIMADURE.

Que votre indifférence augmente mon martire!
Ciel! qu'en dois-je augurer?

MIRTIL.

Hélas! Daphnis n'eſt plus.

ALCIMADURE.

Daphnis n'eſt plus? grands Dieux! ah! je me meurs, j'expire.
Daphnis, mon cher Daphnis, de ton funeſte ſort
Que mon âme eſt ſaiſie!
Ma rigueur te donne la mort,
Et mon amour ne peut te redonner la vie.

MIRTIL.

Rends le calme à ton âme.

ALCIMADURE.

O mortelles douleurs!
Ma peine eſt ſans égale.

MIRTIL.

A quoi ſervent tes pleurs?
Ce Berger ne vit plus.

ALCIMADURE.

Cherchons Daphnis, mon frére,
Venés, ſoïés témoin de la plus vive ardeur.

MIRTIL.

Quel eſt donc ton deſſein? O Ciel! que veux-tu faire?

ALCIMADURE.

Pour le venger, je veux percer mon cœur.

MIRTIL.

Grands Dieux!

ALCIMADURE.

Mon déſeſpoir extrême
Me conduira vers ce que j'aime.

SCÊNE VI.

DAPHNIS, ALCIMADURE, MIRTIL.

ALCIMADURE.

QUoi! Daphnis, vous vivés!

DAPHNIS.

Bergère, mes amours....

ALCIMADURE.

Quel Dieu vous rend à ma tendreſſe?

DAPHNIS.

Mirtil a pris ſoin de mes jours.

ALCIMADURE.

Ah ! vous m'avés trompée ....

MIRTIL.

On peut uſer d'adreſſe,
Quand un cœur ſe refuſe au bonheur qui l'attend.
Enfin l'Amour te bleſſe.

ALCIMADURE.

Vous trïomphés de ma foibleſſe,
Mon cher Mirtil, ſoïés content.

DAPHNIS.

Ah ! ma félicité paſſe mon eſpérance ;
Bergère, vous m'aimés, daignés le répéter.

ALCIMADURE

Je voudrois envain réſiſter
A tant d'amour & de conſtance.

DAPHNIS, ALCIMADURE.

DUO.

Ah ! qu'il eſt doux de reſſentir
Tes traits, ta flâme & ta puiſſance,
Amour ! ah ! quelle récompenſe !
Mon cœur nage dans le plaiſir.

MIRTIL.

Bergers, du tendre Amour, venés chanter la gloire,
Alcimadure enfin lui cède la victoire.

SCÊNE DERNIERE.

DAPHNIS, ALCIMADURE, MIRTIL.

BERGERS, BERGERES, MARINIERS, MARINIERES.

(*On danse.*)

ALCIMADURE.

QUand l'Amour veut nous enflâmer,
Qu'il sçait bien comme il faut s'y prendre
Ce Dieu malin, pour nous surprendre,
En folâtrant vient nous charmer.

Si malgré nous il faut se rendre,
Pourquoi faut-il nous allarmer?
Le cœur n'est fait que pour aimer,
En vain on cherche à s'en défendre.

Quand l'Amour, &c.

(*On danse.*)

DAPHNIS & LE CHŒUR.

Au Dieu charmant qui régne ſur notre âme,
On cherche envain à réſiſter;
Le trait qu'il prend pour nous dompter,
Part de ſa main comme une flâme.

(*On danſe.*)

FIN DU DERNIER ACTE.

APPROBATION.

J'Ai lu, par ordre de Monſeigneur le Vice-Chancelier, *DAPHNIS & ALCIMADURE*, *Paſtorale;* & n'y ai rien trouvé qui doive en empêcher l'impreſſion. A Paris ce 17 Mai 1768.

DE MONCRIF.

www.ingramcontent.com/pod-product-compliance
Lightning Source LLC
LaVergne TN
LVHW010058230826
846091LV00005B/1993

* 9 7 8 2 3 2 9 4 7 8 3 7 1 *